Saumur

dans

La Splendeur

PREMIER SUPPLÉMENT A LA PREMIÈRE LIVRAISON

Offert aux Souscripteurs.

S'adresser à LÉON DE FOS, *notable honoraire,*

ou ancien notable à Saumur.

Nous avons reçu, et nous en remercions notre correspondant, les notes suivantes que nous nous empressons de livrer à nos souscripteurs. Nous regrettons que l'auteur de réflexions aussi judicieuses n'ait pas voulu les appuyer de l'autorité de son nom. Nous devons déclarer que l'honorable architecte de la ville de Saumur ne saurait être atteint par notre publicité.

A M. Léon DE FOS.

L'ÉGLISE DE NANTILLY,

SES TAPISSERIES ET SES TOMBEAUX.

Les travaux de restauration de l'église de Nantilly sont depuis longtemps achevés, à l'exception toutefois de la partie qui méritait le plus l'attention de l'architecte inspecteur des travaux ; nous voulons parler de l'oratoire de Louis XI, qui reste toujours dans le plus déplorable abandon. Ses murs ne sont

plus, comme autrefois, revêtus de boiseries fine-
ment sculptées ou de riches draperies, ils n'ont, à
l'heure qu'il est, pour tout ornement qu'un revête-
ment verdâtre, dû à l'humidité qui les pénètre. Le
retrait royal, où monseigneur Louis de France disait
ses heures, n'est plus aujourd'hui qu'un réduit dé-
labré qu'on utilise en faisant un refuge pour les
chaises hors de service qui attendent, elles aussi,
leur réparation.

Les murs blancs et dénudés de l'église de Notre-
Dame-de-Nantilly nous font regretter l'absence des
belles et anciennes tapisseries qui garnissaient autrefois son pourtour. Que sont-elles devenues ? Elles
attendent, depuis 15 ans bientôt, les réparations
qu'on avait jugé utile de leur faire faire, et, vraiment,
nous sommes étonnés que l'administration municipale n'ait pas pris, déjà depuis longtemps, des
mesures pour les faire rétablir à la place qu'elles
occupaient autrefois.

En 1862, lorsque la Société française d'archéolo-
gie vint au mois de juin établir à Saumur ses savan-
tes assises, elle avait hautement exprimé le regret de
ne pouvoir visiter les tapisseries de Nantilly, et elle
insista pour qu'elles fussent replacées dans cette
église le plus promptement possible. M. l'architecte
des monuments historiques s'empressa de rassurer
les membres du Congrès sur le sort de ces tapisseries
et promit que d'ici *trois ans* elles seraient réparées et
rétablies à leur ancienne place. *Trois ans !* il est joli
le terme, s'écriait alors un savant et spirituel membre
du Congrès. Et cependant ce terme de trois ans est

expiré et l'église de Nantilly reste veuve de son plus bel ornement.

Est-ce que les appréhensions, est-ce que les craintes du comité savant, si visiblement manifestées, se réaliseraient? Est-ce que nous devons à tout jamais être privés de revoir ces précieux débris du passé? Est-ce que la pensée de leur restauration, de leur conservation, aurait été pour ces tapisseries le signal de leur destruction? Nous n'osons le croire : il nous faudrait ici formuler des reproches amers, et nous ne nous sentons pas ce courage.

Les tapisseries de Nantilly ont acquis trop de notoriété pour ne pas penser que l'administration municipale ne prolongera pas plus longtemps son indifférence à leur égard et qu'elle donnera des ordres pour leur prompte exhibition. Nous savons que le bureau central du Congrès archéologique, qui, malgré sa demande, n'a pu se faire représenter aucune des tapisseries de Nantilly, a voulu au moins constater leur existence en en réclamant une description sommaire, qu'un membre du Congrès s'est empressé de lui fournir. Nous rappellerons seulement celles qui nous ont paru avoir plus d'intérêt au point de vue de l'art et de leur antiquité.

En première ligne, nous placerons celle qui représente la prise de Jérusalem par Titus Vespasianus. Cette tapisserie, du milieu du XVe siècle, attirait l'attention des visiteurs par la bizarrerie même de sa composition, par ses détails étranges et par le nombre des personnages. Par un anachronisme si fréquent à cette époque de l'art, les soldats romains sont armés d'arquebuse à mèche, revêtus d'armure du moyen âge, et présentent un specimen varié du costume et des armes au XVe siècle.

Nous signalerons encore une jolie tapisserie du commencement du XVIe siècle, qui a été reproduite si heureusement par Charles Aubry, dans son Histoire pittoresque de l'équitation ancienne et moderne; elle représente une dame châtelaine, montée sur sa haquenée, suivie de deux pages et allant faire bénir une relique. C'est une gracieuse composition, remarquable aussi par la pureté du dessin.

Nous mentionnerons, pour terminer, six autres tapisseries du XVIe siècle formant une suite de tableaux représentant des anges revêtus de longues robes flottantes et portant chacun un des attributs de la passion ; c'est une composition large et dans le style pur de la renaissance.

Toutes ces tapisseries que nous indiquons ici étaient placées dans le bas-côté sud de l'église de Nantilly ; la nef elle-même était ornée d'une série de tapisseries la plupart du XVIIe siècle et qui n'étaient pas sans mérite. Nous pensons qu'on voudra bien aussi, tôt ou tard, leur faire l'honneur d'une réinstallation.

Nous avons parlé des murs blancs et dénudés de l'église de Nantilly, nous sommes loin de blâmer le mode qui a été employé pour leur réparation. Le grattage des murs est, en effet, bien préférable au badigeon blanc ou jaune d'autrefois dont le bon goût a fait depuis longtemps justice. Mais le grattage des murs intérieurs de Notre-Dame-de-Nantilly a, nous devons le dire , amené des dévastations regrettables. De nombreuses plaques de marbre , dont les inscriptions rappelaient la sépulture d'anciennes familles de notre ville , ont été , sans nécessité aucune, arrachées des murs ; elles avaient échappé au vandalisme révolutionnaire, elles n'ont pas trouvé grâce au XIXe siècle devant l'outil des ravaleurs. Hâtons-nous toutefois de dire qu'heureusement ces plaques commémoratives n'ont pas été brisées. Nous les avons vues longtemps déposées dans un réduit obscur de l'église, au milieu de platras où elles sont sans doute encore , attendant depuis bientôt quinze ans leur exhumation. Espérons pour elles que l'administration municipale et le conseil de fabrique prendront des mesures pour les tirer de l'oubli en leur rendant la place même qu'elles n'auraient jamais dû cesser d'occuper. La tombe a toujours un caractère sacré et lorsqu'on la rencontre dans une église elle semble avoir acquis une double consécration : celle que lui donne le respect qui s'attache à la tombe elle-même et celle qu'elle acquiert encore par la majesté du lieu.

Pour copie conforme :

Léon DE FOS.

Saumur , imp. de P. Godet. — (232-7)

Saumur

dans

La Splendeur

DEUXIÈME SUPPLÉMENT A LA PREMIÈRE LIVRAISON

Offert aux Souscripteurs.

S'adresser à Léon DE FOS, ancien officier de marine.

En parlant, dans une circulaire distribuée le 5 mars à Saumur, de certains rapprochements fâcheux et de certaines réflexions sur le sort des tapisseries de Nantilly, nous avions en vue l'emploi qu'auraient pu faire les fabriques des églises des fonds provenant de la vente de ces tapisseries, en voyant quelques ornements très-brillants figurer dans nos processions. Le résultat de notre circulaire a été pour nous d'apprendre ce qui suit :

Les tapisseries de Notre-Dame de Nantilly ont été classées comme monuments historiques et sont ainsi devenues inaliénables (cette précaution était nécessaire, car elles devaient être vendues). Elles existent parfaitement bien ; la plupart sont restaurées actuellement, et ce travail de Pénélope se continue constamment pour celles d'entre elles qui, plus détériorées que les autres, sont forcément restées en arrière.

Si la restauration du mur sud du collatéral de Louis XI était finie, les tapisseries restaurées auraient été placées le long de ce mur, où elles figuraient autrefois ; mais le manque de fonds a arrêté ce travail, qui consiste en reprises, rempiètements et ouvertures de fenêtres anciennes, pour lequel il faudrait de nouveau descendre les tapisseries si on les plaçait provisoirement, ou les laisser exposées à mille dangers de détérioration, entre autres à l'humidité des vieilles pierres à remplacer.

Des fonds ont été promis pour ce travail, et d'année en année on attend la réalisation de cette promesse, qui permettrait une installation définitive et sans risques aucuns pour nos anciennes tapisseries.

Nous nous sommes assuré par nous-même de la véracité de ces faits, et nous les affirmons ici après les avoir vérifiés, car nous avons été conduit fort obligeamment près d'une jeune ouvrière, travaillant aux anges depuis trois ans, a-t-elle dit elle-même. Ces anges forment le sujet de l'une des quatorze pièces composant les tapisseries de Nantilly.

Nous avons eu le regret d'apprendre que la tapisserie de la Chevauchée était très-endommagée : les jambes des chevaux sont coupées.

Ayant attendu vingt ans avec patience, nous attendrons encore, et, l'administration municipale continuant à donner ses soins les plus empressés à l'achèvement de ce travail, nous pourrons peut-être un jour contempler ces précieux débris du passé.

Léon DE FOS.

Saumur, imp. de P. Godet. — (422-7)

SAUMUR DANS SA SPLENDEUR

SAUMUR

DANS

SA SPLENDEUR

PAR

Léon DE FOS,

Ancien officier de marine.

Prix : 1 franc.

SAUMUR,

IMPRIMERIE DE PAUL GODET, PLACE DU MARCHÉ-NOIR.

1867.

INTRODUCTION.

———

On rirait bien en France, où l'on aime
tant à rire, si tout citoyen ayant atteint
l'âge de trente-cinq ans devait au moins
une brochure à son pays.

Que ferait-on, si tous les élus de la
nation en devaient au moins une par an?

En commençant la mienne, je déclare
à ceux qui daigneront me lire, que j'écris
plutôt pour me défendre que pour atta-
quer, et par conséquent mon intention est
de ne blesser personne.

Contribuable de la ville de Saumur, je
n'ai d'autre ambition que celle de rester

ce que je suis. Mais, remplissant mes devoirs de citoyen consciencieusement, je ne puis souffrir qu'on porte atteinte à mes droits.

J'aime la paix ; cependant, si la France était en danger, je serais encore prêt maintenant à marcher pour défendre mon pays. Je suis donc partisan de la désorganisation de l'armée (1).

Ceci posé, je laisse à de plus habiles le soin de discuter et de résoudre les grands problêmes politiques, et je ne viens ici que pour défendre mes droits, qu'on a le tort à Saumur de ne pas respecter.

(1) Je n'ai pas mis réorganisation , parce que je trouve plus convenable d'attendre encore pour approuver ou critiquer le projet.

SAUMUR DANS SA SPLENDEUR

I.

Je sais qu'il est impossible à une administration municipale de contenter tous ses administrés, et je suis loin d'ignorer que les bons pilotes sont rares. Mais je sais aussi combien ceux qui sont à la tête de l'administration municipale d'une ville comme Saumur, sont honorés, influents, privilégiés partout, même au Théâtre; enfin, combien ils sont justement récompensés de leur zèle et de leur peine.

L'administré contribuable a donc bien le droit de faire connaître ses motifs de plainte et de dire hautement sa façon de penser.

Or, veuillez me suivre, s'il vous plaît.

II.

La maison dans laquelle j'ai mon domicile est située rue Beaurepaire, à Saumur.

La fin de l'année 1866 approchait.

Un samedi, jour de marché, ayant une course très-pressée à faire, je monte en voiture dans la cour de la maison que j'habite, on ouvre les portes : que vois-je dans la rue ?

Une énorme charrette en travers me barrait la sortie.

Cette charrette était dételée, abandonnée, et remplie de matières destinées à une fabrique d'engrais.

Me voilà, criant, jurant, Dieu me pardonne! et obligé d'aller à pied.

Qu'en pensez-vous? s'il vous plaît.

*

Vous croyez peut-être que ce fut tout?

J'entre en courant dans cette belle et large rue Neuve-Beaurepaire.

La pluie tombait déjà depuis longtemps et ne pouvait qu'accroître mon irritation.

Tout-à-coup une rivière s'offre à mes yeux. Je veux sauter. Hélas! je n'avais plus vingt ans, pour franchir plus de deux mètres. Je criai, je jurai encore, Dieu me pardonne! car si la rivière fut traversée, mes vêtements le furent aussi.

Qu'en pensez-vous? s'il vous plaît.

Le milieu de cette rue Neuve-Beaurepaire est semblable au fond d'un entonnoir.

Il eut donc été convenable de penser aux malheureux piétons, obligés de suivre cette rue, par tous les temps.

Sans doute un manchon ou toute autre combinaison eut occasionné une dépense plus considérable, mais nos octrois sont très-florissants, et le travail étant bien fait, personne n'eût eu le droit de se plaindre.

Toutefois, je me fais un devoir de remercier ici ceux qui ont eu l'heureuse idée d'ouvrir cette belle rue, et ils regrettent peut-être autant que moi une exécution défectueuse des travaux.

III.

Quelque temps après, je songeai à regagner mon domicile. Il pleuvait encore,
aussi étais-je très-aise de pouvoir suivre
les nouveaux quais, dits de Limoges.

Je me plais à constater la beauté de
ces quais, et, à mon avis, ils sont, sous
tous les rapports, irréprochables.

Je me trouve bientôt en face de notre
ancien Hôtel-de-Ville.

Je l'ai, autrefois, beaucoup admiré cet
ancien Hôtel-de-Ville.

Aujourd'hui que puis-je dire? Je le
trouve entièrement écrasé par cette pro-
digieuse annexe, où des sommes encore
plus prodigieuses viennent d'être englou-
ties.

Je pensais malgré moi à la rivière de la rue Beaurepaire et aurais voulu pouvoir démolir cette annexe. Peut-être, me disais-je, la vente de tant de matériaux pourrait-elle servir à rendre immédiatement praticable certain passage trop connu de certain contribuable. Alors, notre remarquable ancien Hôtel-de-Ville se trouverait dégagé et l'admiration serait générale et plus grande que jamais.

J'ignore si je suis seul de mon goût, mais j'ai vu élever avec douleur cette malheureuse annexe, et, je le dis encore, je la verrais enlever avec plaisir.

Ce qu'on pense généralement de notre expédition du Mexique, moi je le pense de cette entreprise Saumuroise.

Dans ma pensée, la Bibliothèque et le Musée restaient seuls dans notre antique donjon et j'utilisais immédiatement les immenses salles que contient notre Théâtre, en y installant tous les services de l'administration municipale. Je ne pour-

rais accepter l'objection des craintes d'in-
cendies, car je rends justice aux progrès
de la chimie et surtout à notre compagnie
de pompiers.

IV.

La pluie venait enfin de cesser et j'eus
du plaisir à admirer l'ensemble de notre
imposant et très-beau Théâtre. Sans vou-
loir poser en connaisseur, je trouve le
style de ce monument très-pur et très-
élégant.

Malheureusement l'intérieur répond mal
à l'extérieur.

Les escaliers sont trop étroits et les
loges sont, je trouve, complètement à
refaire.

On est, il est vrai, très-confortablement
assis dans les fauteuils d'orchestre, mais

j'aimerais voir toutes les places entièrement pareilles, et les spectatrices aussi
commodément assises dans leurs loges
que les spectateurs dans les stalès d'orchestre.

V.

Après avoir ainsi vu et admiré l'extérieur de notre grand Théâtre, je songeais à regagner ma demeure.

L'entrée de la rue Beaurepaire était bien encombrée de charrettes et de voitures.

Pourquoi, en cet endroit, les angles n'ont-ils pas été largement abattus?

Mais, je dois le constater, ma porte était libre, et je pus rentrer plus facilement chez moi que je n'en étais sorti.

J'allais peut-être oublier mes désagréments de la journée, quand la fâcheuse idée d'ouvrir la fenêtre de ma chambre vint mettre à bout ma grande patience.

Une autre charrette, aussi énorme et

encore plus chargée que la précédente,
venait de s'arrêter à la place de la première et plus près peut-être encore de
mon habitation.

Mais, veuillez attendre quelque temps,
je vous prie, *Saumur dans sa splendeur*
sera continué.

Saumur, imp. de P. GODET. — (107–7)

SAUMUR DANS SA SPLENDEUR

SAUMUR

DANS

SA SPLENDEUR

PAR

Léon DE FOS,

Ancien officier de marine.

Deuxième Livraison.

SAUMUR,

IMPRIMERIE DE PAUL GODET, PLACE DU MARCHÉ-NOIR.

—

1867.

*Monsieur Louvet, maire de Saumur,
député au Corps-Législatif,*

A M. Léon de Fos, à Saumur.

Saumur, 15 juillet 1866.

Monsieur,

Votre lettre ayant été présentée de nouveau au conseil municipal, dans la séance d'hier, le conseil a décidé que toutes les questions contenues dans cette lettre étaient exclusivement du ressort de l'administration, et que, par conséquent, c'était à l'administration, et non au conseil, que cette lettre aurait dû être adressée.

J'ai l'honneur de répondre à vos dix questions.

1re Question. — *L'administration place les charrettes, venant du dehors, les jours de marché, dans les carrefours et dans les rues* les plus larges, de manière à incommoder le moins possible les riverains. Si les charretiers font quelque dommage, en attelant ou en dételant, les riverains ont le droit d'exiger des charretiers la réparation de ces dommages.

2e Question. — Au conseil municipal (1) seul appartient le droit de décider quelles sont les rues dans lesquelles il y a lieu d'établir des trottoirs. La dépense est toujours supportée par moitié entre les riverains et la ville, conformément à la loi.

3e Question. — Etc., etc., etc.

(1) Par conséquent, c'était au conseil et non à l'administration.

JUGEMENT

*Rendu par le tribunal civil de Saumur,
le 21 février 1867.*

Le Tribunal,

Ouï les avoués et avocats des parties
en leurs conclusions et plaidoiries, le
ministère public entendu, et après en
avoir délibéré, conformément à la loi,
jugeant en dernier ressort et en matière
sommaire :

Attendu que la demande du sieur de Fos
a pour objet de défendre le stationnement
sans nécessité, devant la porte cochère
de la maison qu'il habite, rue Beaurepaire, et les autres ouvertures y donnant
accès, de voitures chargées ou non char-

gées, le plus souvent dételées, et qui l'empêchent de sortir de chez lui ou d'y rentrer avec sa propre voiture ;

Attendu qu'une pareille demande est incontestablement recevable ; qu'en effet, aux termes du décret du neuf brumaire an treize et suivant une jurisprudence constante, tout habitant d'une commune a qualité pour réclamer, dans un intérêt privé, l'usage d'une rue ou d'un chemin public et peut actionner par suite, sans mettre la commune en cause, celui qui obstrue ou gêne le passage ; que, de plus, aux termes de l'article 471, paragraphe quatrième du Code pénal, le stationnement dont se plaint le sieur de Fos est une contravention, et que l'action civile est ouverte à tous ceux qui ont souffert un dommage par suite d'une contravention (article premier du Code d'instruction criminelle) ;

Qu'il importe donc peu de savoir à quel titre le sieur de Fos habite la maison de

la rue Beaurepaire, du moment qu'il n'est
pas contesté qu'il l'habite;

Attendu que l'arrêté municipal du vingt-
cinq janvier mil huit cent soixante-deux
n'a pour objet que de frapper d'un droit
de place toute voiture qui stationne dans
la ville de Saumur; que cet arrêté n'autorise nullement et *ne saurait d'ailleurs
légalement autoriser* un stationnement de
voitures pouvant nuire à la libre circula-
tion des rues et au libre accès des maisons
qui les bordent;

Qu'on ne peut y trouver une fin de non
recevoir contre le demandeur;

Attendu, en ce qui concerne l'in-
tervention du sieur B., que cette in-
tervention est régulière en la forme,
que l'intervenant prend des conclusions
identiques à celles du demandeur ori-
ginaire, et qu'il a d'ailleurs intérêt à
la solution du procès, et comme habitant la même maison que le sieur de
Fos, et comme propriétaire de ladite

*

maison, reçoit B. intervenant dans l'instance ;

Au fond :

Attendu que les demandeurs offrent de prouver par témoins que M.... se sert de la rue de la Fidélité et de la rue Beaurepaire comme d'une dépendance de son auberge, qu'il dépose et fait déposer devant les issues de leur maison des charrettes qui y stationnent, dételées, et qui en gênent l'entrée et la sortie ; qu'ils ont indiqué et précisé, tant dans leurs conclusions que dans les plaidoiries, les circonstances dans lesquelles ils ont eu particulièrement à se plaindre et à souffrir de ces stationnements ;

Attendu que les faits qu'ils ont ainsi articulés sont pertinents, que la preuve en est admissible, et qu'ils sont déniés par le défendeur ;

Par ces motifs :

Autorise les demandeurs à prouver par

témoins, à l'audience du quatorze mars prochain, les faits suivants,

SAVOIR :

Etc., etc., etc. . . . .

Le jugement ci-dessus tranche la question de droit à l'avantage de MM. de Fos et B. ; d'un autre côté, M. M.... offre de prendre l'engagement, par écrit, de ne jamais encombrer, ni de laisser encombrer, par les gens qui descendent chez lui, les abords et les issues de la maison B.

MM. de Fos et B. obtiennent donc toute satisfaction. — Ils acceptent (*ne serait-ce que pour prouver à M. M.... qu'ils tiennent à conserver avec lui des relations de bon voisinage*), sa proposition de ne pas pousser plus loin le procès.

CONCLUSION.

1.

Belle et douce harmonie,
Toi qui charme le cœur,
N'abandonne pas, amie,
Saumur dans sa Splendeur.

2.

Nous t'offrons nos trésors
Pour orner ta beauté ;
Ne les donne pas aux lords,
Ris de leur fermeté.

3.

Dans notre belle cité ,
Riche en nobles sentiments ,
Fais que tes arrêtés
Évitent les jugements.

4.

Guide la Chevauchée
Sans oublier les chars ,
Sois, notre bien-aimée ,
Le plus brillant des phares.

5.

Défends la liberté
Sans souffrir l'anarchie ,
Et puisse ta volonté
Maudir la calomnie.

6.

Enfin d'un sage conseil
Laisse entendre les vœux,
Devant lui fais merveille
Et monte jusqu'aux cieux.

7.

Belle et douce harmonie,
Toi qui charme le cœur,
N'abandonne pas, amie,
Saumur dans sa Splendeur.

Saumur, imp. de P. GODET. — (469-7)